BEI GRIN MACHT SICH IHR WISSEN BEZAHLT

Matthias Himmelmann

Lesetagebuch zu Franz Kafkas "Das Urteil"

GRIN Verlag

Bibliografische Information der Deutschen Nationalbibliothek:

Die Deutsche Bibliothek verzeichnet diese Publikation in der Deutschen National-
bibliografie; detaillierte bibliografische Daten sind im Internet über http://dnb.d-
nb.de/ abrufbar.

Impressum:

Copyright © 2012 GRIN Verlag GmbH
Druck und Bindung: Books on Demand GmbH, Norderstedt Germany
ISBN: 978-3-656-44148-9

Dieses Buch bei GRIN:

http://www.grin.com/de/e-book/206290/lesetagebuch-zu-franz-kafkas-das-urteil

GRIN - Your knowledge has value

Der GRIN Verlag publiziert seit 1998 wissenschaftliche Arbeiten von Studenten, Hochschullehrern und anderen Akademikern als eBook und gedrucktes Buch. Die Verlagswebsite www.grin.com ist die ideale Plattform zur Veröffentlichung von Hausarbeiten, Abschlussarbeiten, wissenschaftlichen Aufsätzen, Dissertationen und Fachbüchern.

Besuchen Sie uns im Internet:

http://www.grin.com/

http://www.facebook.com/grincom

http://www.twitter.com/grin_com

Das Urteil – Franz Kafka
Matthias Himmelmann

Franz Kafka
Der Autor der Geschichte „Das Urteil", Franz Kafka, war ein bedeutender expressionistischer Künstler. Er wurde in eine bürgerliche, jüdische Kaufmannsfamilie geboren, in welcher er früh als Auslieferer der Waren des Vaters – eines Schächters – arbeiten musste. Später vertrat er dieses Geschäft auch überregional und machte sich schließlich selbstständig.
Kafkas Literatur beschäftigt sich nun sehr stark mit dem sogenannten „Vater-Sohn-Konflikt", während die Mutter in den Hintergrund gerät. Außerdem bezieht er in seine Erzählungen häufig bekannte und verwandte Personen ein: zu nennen wären hier Junggesellen und Sonderlinge, die nach dem Vorbild von Kafkas Verwandtschaft aufgebaut wurden.

Die Epoche
Kafka wirkte zur Zeit des Expressionismus. In dieser Zeit stand die Verzweiflung der Autoren und ihre Unzufriedenheit mit den gegebenen Umständen im Vordergrund. Alles vorher dagewesene wurde hier übergangen und ersetzt. Es wurde versucht, den Leser dazu anzustiften, darüber nachzudenken, was passiert, und kritisch damit umzugehen. Mit Hilfe dieser Kunstform wollten die Künstler aktiv erreichen, eine Veränderung herbeizuführen.

Das Urteil
Kafkas Werk „Das Urteil" handelt von einem sehr beliebtem Motiv der Epoche des Expressionismus: dem „Vater-Sohn-Konflikt".
Zunächst hält sich die Handlung in Grenzen, ein Freund des Georg wird beschrieben, der nach Russland ausgewandert ist um dort sein Glück zu versuchen. Georg bemitleidet diesen jedoch und versucht ihm in seinen ständigen Briefen nicht sein eigenes Glück unter die Nase zu reiben. Während das Geschäft, in dem Georg arbeitet, welches jedoch seinem Vater gehört, sehr gut funktioniert, hat das Geschäft des Freundes große Schwierigkeiten.
Nachdem er sich jedoch mit seiner Verlobten besprochen hatte und sich diese von dem Verschweigen ihrer Hochzeit vor dem Freund gekränkt fühlte, berichtete Georg ihm davon. Anschließend besucht er seinen alten Vater in dessen Kammer, die er schon seit Monaten nicht mehr betreten hat. Er berichtet dem Vater von dem Brief und seiner Einladung an den Freund. Der Vater reagiert unerwarteterweise mit Vorwürfen. Es gelingt Georg, den Vater auszukleiden und ins Bett zu tragen. Kaum ist der Vater jedoch zugedeckt, richtet er sich zu voller Größe auf und behauptet, er stünde schon seit langem mit dem Freund in Russland in Verbindung und habe diesem alles über Georg berichtet. Georgs Verhältnis mit seiner Verlobten Frieda sei ein Verrat an dem Freund, an der toten Mutter und an ihm, dem Vater. Schließlich verurteilt der Vater Georg zum Tod durch Ertrinken.
Georg stürzt aus der Wohnung, läuft über die Straße auf eine Brücke und wirft sich in den Fluss.

Lesetagebuch zu „Das Urteil" von Franz Kafka
Am Anfang des Buches wird die Situation, in der sich Georg befindet relativ idyllisch eingeleitet: er befindet sich als Kaufmann in einem Zimmer, aus welchem er auf einen Fluss sehen kann .
Nachdem er einen Brief an einen Jugendfreund im Ausland beendet und verschlossen hat, denkt er über diesen Freund nach: Er ist schon vor langer Zeit vor der Heimat geradezu „geflüchtet", weil er zu Hause unzufrieden war. (S. 42, Z. 16f.)
Das Geschäft, welches er nun in seiner neuen Heimat Russland eröffnet hatte, lief am Anfang gut, zum Tag der Erzählung hin stagnierte es jedoch. (S. 42, Z. 19)
Außerdem ging es dem „Freund in der Fremde" auch gesundheitlich schlecht: Ein Bild, welches wohl einem Brief zugefügt war, deutete, auch wenn ein Vollbart das Gesicht nahezu gänzlich verdeckte, die Gelbsucht an. (S. 42, Z. 23f.)
Auch in gesellschaftlicher Hinsicht konnte der Freund in Russland sich laut den Briefen eher schlecht als recht integrieren. (S. 42, Z. 27) Er hat sich scheinbar jedoch damit abgefunden. (S. 42, Z. 28)
Georg beschreibt nun in Gedanken sein Mitleid für diesen Freund. Gleichwohl steht er jedoch mit sich selbst im Konflikt darüber, ob man es verantworten könne, dem Freund vorzuschlagen, zurück in das gesicherte Leben der Heimat zu kommen, was jedoch gleichbedeutend damit wäre, dass

„alle seine bisherigen Versuche bis dahin misslungen seien". (S. 43, Z. 5f.)
Letztendlich kommt er jedoch zu dem Schluss, dass es wohl besser sei, wenn er in der Fremde bleibe, verborgen in der rhetorischen Frage „Konnte man denn bei solchen Umständen daran denken, dass er es hier tatsächlich vorwärts bringen würde?" (S. 43, Z. 24ff.)
So erklärt Georg auch seine Art zu schreiben: Er könne keine wirklichen Berichte erstatten, sondern nur Nebensächliches Kund tun. (S. 44, Z. 43f.) Diese Skrupel machen meiner Ansicht nach jedoch deutlich, dass es sich bei dieser Freundschaft um keine „richtige" Freundschaft handelt, sondern nur um eine oberflächliche Freundschaft, die Georg pflegt, damit sein Freund nicht in der Isolation untergeht. Gleichwohl stellen diese Skrupel in einem ganz anderen Licht dar: Georg ist nicht mehr der Erfolgsmensch, als welcher er sich selbst beschreibt, er wird vielmehr zum selbst zweifelnden Menschen.
Die „notdürftige" Ausrede, warum der Freund nicht zurück in die Heimat käme, glaubt Georg ihm nicht und die Trockenheit, mit welcher der Freund den Tod Georgs Mutter kommentiert, führt er auf eine nicht ausdrückbare Trauer in der Isolation zurück. (S. 44, Z. 8) Das Geschäft, welches er nach dem Tod der Mutter übernommen hatte, lief seitdem sehr gut. Der Vater jedoch zog sich zurück und lebte altersgrau und pflegebedürftig in einem hinterem Zimmer. („weißes Haar" S. 49, Z. 22; „zog ihm [...] den Schlafrock aus" S. 49, Z. 33f. ; „zahnloser Mund" S. 48, Z. 16)
Weiterhin hatte sich Georg mit einem „Mädchen aus wohlhabender Familie" (S. 45, Z. 12f.), namentlich Frieda Brandenfeld, verlobt. Als er ihr jedoch erzählte, dass er seinem Freund nicht von der Hochzeit berichten wolle, weil er ihm so sein eigenes Glück unter die Nase reiben würde und sein Freund sich schließlich „neidisch", „unzufrieden" und „gezwungen" fühlen würde. (S. 45, Z. 20ff.) Selbst stellt sich Georg somit als ein sehr mitfühlender Mensch dar. Ich denke jedoch viel mehr, dass sich Georg versucht mit diesem „jämmerlichen" Freund zu vergleichen und sein Selbstwertgefühl zu stärken. Wohingegen Georg eine tolle Verlobte und ein gutes Geschäft hat, hat der Freund keins von beidem und wird gesellschaftlich isoliert. Nur durch das Messen an diesem Brieffreund kann Georg nach Außen zu dem Erfolgsmensch werden, als welcher er sich selbst sieht. Er denkt, dass es keinen Menschen gäbe, der besser wäre zu dem Freund und für den Freund als er: „Ich kann nicht aus mir einen Menschen herausschneiden, der besser für eine Freundschaft mit ihm geeignet wäre, als ich es bin!" (S. 45, Z. 34ff.)
Auf die Aussage Georgs, dass Frieda diesen Jugendfreund nie kennen lernen würde, wirkt sie gekränkt, weil sie doch ein Recht darauf habe, alle Freunde von Georg kennenzulernen. (S. 45, Z. 17f. & Z. 31) Sie möchte an Georgs Leben teilhaben und wird als sehr nett und offen dargestellt. Später soll auch sie zu einem guten Freund für Georgs Jugendfreund werden, vermutlich um seine Isolation zu vermindern und ein bisschen, um dem Freund zu zeigen, wie toll Georgs Frau ist. (S. 46, Z. 15f.)

Mit diesem Brief, den er gerade verfasst hat, begibt sich Georg zu seinem Vater; nicht jedoch ohne seine Fürsorglichkeit für den Vater anzusprechen: Er esse täglich zusammen mit seinem Vater, verkehre ständig mit ihm im Geschäft und sitze mit ihm jeden Abend Zeitung lesend im gemeinsamen Wohnzimmer. (S. 46f., Z. 32ff.) Dennoch war er schon seit Monaten nicht mehr in dem Zimmer seines Vaters. (S. 46, Z. 29f.)
Als Georg das Zimmer betritt, bemerkt er den Zustand des Vaters. Er isst sein Essen nicht auf und verkommt bei schlechter Luft und schlechtem Licht in seinem Zimmer. Trotz dessen muss Georg bemerken, dass sein Vater immer noch „ein Riese" war, übermächtig erscheinend. (S. 47, Z. 15f.)

Als Georg dem Vater von dem Brief berichtet und dass er nun doch von seiner Hochzeit mit Frieda geschrieben hatte, wirkt der Vater dement. Er kann sich scheinbar nicht an den Freund erinnern und hinterfragt seinen Sohn. (S. 48, Z. 34f.)
Auch gegenüber seinem Vater versucht Georg sich nun in ein rechtes Licht zu rücken: „Aus Rücksichtnahme, aus keinem anderen Grund sonst"; „er ist ein schwieriger Mensch"; (S. 48, Z. 1ff.)
Hier spottet der Vater jedoch über Georgs Unsicherheit: „Und jetzt hast du es dir wieder anders überlegt?"; „[...] und zog seinen zahnlosen Mund in die Breite. „[...] Du bist wegen dieser Sache zu mir gekommen, um dich mit mir zu beraten. [...]"" (S. 49, Z. 8f. & 16ff.)
Er selbst stellt sich nun als schwach dar (S. 48, Z. 27) und stellt Georg kritisch die Frage, ob er diesen Freund in Petersburg überhaupt habe, wahrscheinlich im Hinblick darauf, ob er diesen Freund als Ausrede dafür nimmt, sich nicht um den Vater zu kümmern. Daraufhin weicht Georg

seinem Vater aus und beschwichtigt ihn, indem er versucht, seinem Vater Honig um den Mund zu schmieren: „Tausend Freunde ersetzen mir nicht meinen Vater"; „Wenn das Geschäft deine Gesundheit bedrohen sollte, sperre ich es gleich morgen für immer" (S. 49, Z. 1 & Z. 5f.) Wieder gibt sich Georg als der fürsorgliche Sohn, der alles für seinen Vater tun würde. Der Vater glaubt Georg nun jedoch immer noch nicht, dass er gerade in Petersburg einen Freund habe. (S. 49, Z. 28) Der Sohn erklärt seinem Vater jedoch dann, dass dieser Jugendfreund gerade vor drei Jahren zu Besuch war und, weil der Vater ihn nicht sehr mochte, Georg ihn zweimal verleumdete, während er sich in dem selben Zimmer befand. (S. 50, Z. 1f.) Das bestärkt wiederum den Gedanken, dass die Freundschaft zwischen Georg und dem Auswanderer aus Petersburg nicht „echt" ist.

Wie Georg seinen Vater dann so betrachtet, bemerkt er zum ersten mal, dass „die Pflege, die dort dem Vater bereitet werden sollte, zu spät [zu scheinen kommt]" (S. 50, Z. 28f.) Wahrscheinlich wird ihm hier zum ersten mal bewusst, dass er seinen Vater monatelang vernachlässigt hat.

Nachdem er seinen Vater nun ins Bett getragen hat und er imstande war, sich selbst zuzudecken, stellt dieser Vater beharrlich die Frage „Bin ich gut zugedeckt?" (S. 51, Z. 5) und wiederholt sie noch einmal. (S. 51, Z. 9) Es handelt sich jedoch um eine Provokation. Als Georg diese Frage nämlich bejaht, scheint es als habe sein Vater nur darauf gewartet. Plötzlich scheint es, als durchflute den Vater eine neue Kraft, mit welcher er sich aufwirft und welche er verbal gegen Georg richtet. „Du wolltest mich zudecken" (S. 51, Z. 16), weiß der Vater – was ein Symbol für ein Leichentuch sein soll, mit welchem der Sohn endgültig mit seinem Vater abschließt – und stuft sich in einem Satz über dem Sohn ein: „Früchtchen"; „Und ist es auch die letzte Kraft, genug für dich, zuviel für dich!" (S. 51, Z. 16ff.)

Er betont, dass dieser schemenhafte Brieffreund „ein Sohn nach [seinem] Herzen" sei. (S. 51, Z. 19) Diese Aussage lässt sich darauf zurückführen, dass, während der Sohn den Vater isoliert, er ihm geradezu egal ist (S. 51, Z. 22f.), der Brieffreund sich durch rege Briefwechsel (S. 53, Z. 29f.) um den Vater kümmert und seine Einsamkeit erleichtert.

Der Vater erkennt auch, die Absicht des Sohnes, den „Freund" zum Zwecke der Aufbesserung seines eigenen Selbstbewusstseins zu benutzen und ihn so immer weiter runter zu machen: „Wie du jetzt geglaubt hast, du hättest ihn untergekriegt […], da hat sich mein Herr Sohn zum Heiraten entschlossen" (S. 51, Z.26ff.)

Aber im Angesicht dieser wiederaufkommenden, starken und schrecklichen Vaterfigur, die wohl seit dem Tod seiner Mutter verloren war, wird es Georg bewusst, wie schlecht er diesen Freund behandelt hat und wie miserabel es ihm geht.

Der Vater fährt fort und spottet nun über die Sexualität des Sohnes, welche er als heiß und innig empfand (S. 45, Z. 30f.): „Weil sie die Röcke gehoben hat" sei er mit ihr zusammen und um sich zu befriedigen. (S. 52, Z. 4ff.) Diesem Bild verleiht der Vater einen grotesken Ekel, indem er es selbst nachstellt und seine alte Haut und womöglich sogar sein Genital offenbart (S. 52, Z. 7f.). Damit habe der Sohn „das Andenken [seiner] Mutter" geschändet und den Freund verraten.

Nach dieser Predigt begibt sich Georg in eine sichere Haltung, damit er auch ja von niemandem überrascht werden könne. (S. 52, Z. 19f.) Hier wird wieder seine Unsicherheit deutlich.

Als sein Vater nun wieder zu reden beginnt, wird deutlich, dass dieser Freund noch nicht verraten sein kann, weil der Vater ihn dort in seiner Abwesenheit vertrat. Als letzter Trost für den „alten, verwitweten Vater" blieb jedoch nur, „Komödie" zu spielen und sich schwach darzustellen (S. 52, Z. 30ff.), verfolgt von seinem Personal und ausgenutzt von seinem eigenen Sohn, welcher sich mit Geschäften rühme, welcher der Vater vorbereitet habe. (S. 52, Z. 35f.)

In diesem Moment wünscht sich Georg, getrieben von der Tyrannei, den Tod des Vaters, „wenn er fiele und zerschmettertte!" (S. 53, Z. 4f.)

Der Vater betont nun wieder, dass er dem Sohn um Welten überlegen ist (S. 53, Z. 12) und dass er genauso gut ohne ihn auskäme. Er habe die Kraft der Mutter abbekommen, sich mit dem Freund verbunden und die Kunden des Geschäfts seien nur ihm zu verdanken. Hierzu ist noch zu sagen, dass, nachdem die Mutter gestorben war, sich die Dominanzverhältnisse der Familie geändert hatten und der Sohn die Trauer des Vaters nutzte, um ihn weiter und weiter aus dem Geschäft zu drängen. Was für Georg reine Fürsorge und Nächstenliebe schien, war für den Vater pures Kalkül.

Danach erklärt der Vater eindringlich, dass der Freund in der Ferne schon lange von der Verlobung wisse, weil sie eine Briefkorrespondenz pflegten. So kommt es, dass der Brieffreund bereits alles sehr viel besser wisse als Georg, laut dem Vater, und somit auch der Vater, weil er die

Informationen verbreitet. (S. 53, Z. 31f.)
Er behauptet auch, dass die oberflächlichen Briefe von Georg von dem Brieffreund ungelesen weggeworfen würden, während die Briefe des Vaters interessiert gelesen würden. (S. 53, Z. 33f.) In diesem Moment ist der Vater enthusiastisch und triumphierend.
Seit langer Zeit sei er schon erpicht darauf gewesen, die Frage von seinem Sohn zu hören, ob er von persönlichen Dingen schreiben solle (S. 54, Z.4f.) - in diesem Fall die Hochzeit. Er habe sogar nur so getan, als lese er Zeitung, in stiller Erwartung dieser Frage. Er wirft seinem Sohn vor, dass seine Mutter diesen Tag nicht mehr erleben konnte, weil Georg so lange zögerte, der Freund war schon vor drei Jahren so krank, dass man ihn „wegwerfen" könne (S. 54, Z. 13) und auch um den Vater stehe es schlecht.
Ich denke mit dieser Frage wird darauf abgezielt, dass sich der Sohn distanziert zu seinen Mitmenschen verhalten hat, dass er es scheute, sich anderen zu öffnen. Auch seine Verlobte habe er nur zu seiner sexuellen Befriedigung, nicht zu platonischer. Er selbst war entfremdet von der Gesellschaft, der Vater wartete jedoch, bis er es für sich selbst herausfinden würde.
Wahrscheinlich spielt hier auch das Geschäft eine Rolle. Natürlich hat der Sohn das Geschäft des Vaters zum boomen gebracht, aber auf welche Kosten? Das Unternehmen, welches der Vater auf seinen Wertvorstellungen aufgebaut hatte, wurde wahrscheinlich komplett auf das wirtschaftliche ausgelegt, ohne jegliche Acht auf menschliche Aspekte zu nehmen. Allgemein wird hier also der distanzierte, wirtschaftlich denkende und egoistische Mensch kritisiert.
Der Vater schreit Georg nun geradezu an. Endlich habe er gemerkt, dass er nicht der einzige Mensch auf der Welt sei und habe so selbst seinen Egoismus offenbart. (S. 54, Z.20f.) Der Sohn sei zugleich ein „unschuldiges Kind" und ein „teuflischer Mensch". (S. 54, Z. 22f.) Die Wertung des Vaters nimmt hier religiöse Ausmaße an: Ein „teuflischer Mensch" ist nicht nur der „missratene Sohn", wie er beschrieben wird, er ist vielmehr ein Mensch, der sich gegen die göttliche Ordnung vergangen hat und so dem Teufel angehört. Er habe sein Leben egoistisch ausgerichtet, „wahre" Freundschaft genannt, was nur ein dürftiger Briefkontakt war, er habe durch seine selbstständige Partnerwahl die Familientradition geschunden und so gegen die Moral verstoßen und seinen immer schwächer werdenden Vater vernachlässigt und ausgenutzt.
In dieser Hinsicht fühlt sich der Vater ermächtigt, das Urteil zu fällen: „Ich verurteile dich zum Tode des Ertrinkens!" (S. 54, Z. 23f.)
Mit diesem Urteil in den Ohren hetzt Georg davon und hört gerade noch, wie sein Vater aufschlägt, was wahrscheinlich gleichbedeutend mit dessen Tod ist. Da er das Urteil, er sei ein „teuflischer Mensch", ohne Widerspruch hinnimmt, lässt sich vermuten, dass er sich bloßgestellt und voller Scham fühlt.
Wie einen „Hungrigen die Nahrung" (S. 54, Z.34) zieht ihn das Wasser an und er hetzt ohne Rücksicht auf andere (S. 54. Z. 28f.) darauf zu. Dort angelangt gibt Georg einen kleinen Ausblick darauf, wie es in früheren Zeiten gewesen sein mochte, als ihn sein Vater noch liebte (S. 53, Z. 3): „[...] als der ausgezeichnete Turner, der er in seinen Jugendjahren zum Stolz seiner Eltern gewesen war" (S. 54, Z. 34ff.)
Voller Scham versucht sich der Sohn ohne viel Aufsehen zu erregen, aus dem Leben zu schleichen und sieht einen Autoomnibus, welcher „mit Leichtigkeit seinen Fall übertönen würde" (S. 55, Z. 2f.)
Schließlich lässt er sich mit einem letzten „leisen Ruf", was an sich schon paradox ist, „liebe Eltern, ich habe euch doch immer geliebt" (S. 55, Z. 3f.) in den Fluss fallen, was vermuten lässt, dass der Sohn damit den leisen Wunsch äußert, noch einmal zum „unschuldigen Kind" zu werden, wie ihn der Vater einst beschrieben hat.
Zu seinem Glück oder Unglück, das bleibt im Auge des Betrachters, bleibt sein Fall und gleichbedeutend damit sein Tod ungehört, weil just in diesem Moment ein „geradezu unendlicher Verkehr über die Brücke ging" (S. 55, Z. 5f.)

Allgemein finde ich, dass das Buch „Das Urteil" sehr offen gehalten wurde und viele Handlung der Fantasie des Lesers überlassen werden. Beispielsweise wird nicht erklärt, wieso der Vater die wirtschaftliche Leistung seines Sohnes so missachtet und warum er seine Verlobte mit einer Prostituierten vergleicht, es bleibt also beides für den Leser offen. Typisch für den Expressionismus soll sich der Leser hierüber seine eigenen Gedanken machen und schließlich über sich selbst nachdenken und etwas an seiner Handlungsweise verändern.   2991 Wörter